HADİ AŞIK OLALIM

Perran Öncel

Sevgilime

ilk

şiir kitabım

Ö. Baycan

CİNİUS YAYINLARI
ÇAĞDAŞ TÜRK YAZARLARI | ŞİİR

Babıali Caddesi, No. 14 Cağaloğlu - İstanbul
Tel: (0212) 5283314 — (0212) 5277982
http://www.ciniusyayinlari.com
iletisim@ciniusyayinlari.com

Perran Öncel
HADİ AŞIK OLALIM

Yayına hazırlayan: Zeynep Gülbay
Kapak tasarımı: Diren Yardımlı
Dizgi: Neslihan Yılmaz

BİRİNCİ BASKI: Aralık, 2011

ISBN 978-605-127-373-0

Baskı ve cilt:
Kitap Matbaacılık
Sanayi ve Ticaret Ltd. Şti.
Davutpaşa Cad. No. 123 Kat 1
Topkapı, Zeytinburnu
İstanbul
Tel: (212) 482 99 10

Sertifika No: 16053

Kitap Matbaası'nda basılmıştır

Printed in Türkiye

HADİ AŞIK OLALIM

Perran Öncel

Cinius Yayınları

İÇİNDEKİLER

Şiirlerim Var Benim

Ve aslında şiirlerim de var benim…
Belki de yüz yüze okuyabileceğim,
Kim bilir bir şeyler paylaşabileceğim,
Aslında geleceğe dair
Umutlarım da var benim...
Hayallerim de…
Kim bilir belki sensindir,
İçinde doyasıya anlattığım,
Buram buram sen kokan,
Seni içinde yaşattığım,
Hallerim de…
Ve aslında gerçeklerim var benim…
Yaşarken renksiz kaldığım,
Gerçekte sensiz olduğum,
Yalnız dakikalarda,
Acınası kendimi avuttuğum,
Gerçek hallerim de var benim...
Ve itiraflarım var
İhtiraslarım da,
Ve tabii ki hayallerim var;
İçinde ben olan,
Şiirlerim de, doya doya,
Seni yaşadığım...

Daha Doğmadım

Daha doğmadım
Ellerim, yüzüm, şeklim belirsiz
İsteklerim yok henüz
Heveslerim de,
Beynim şeffaf.
Bazen çok uzaktan bir müzik sesi duyuyorum,
ruhumla dinliyor,
İçimde sevgi kıpırtıları hissediyorum.
Her karnını okşadığında Annemdir,
O tertemiz ruhunu görüyorum.
Mutlu olmayı da henüz bilemiyorum,
Güvende olmanın tadını çıkarıyorum.
Galiba gülümsüyorum.
Bildiklerim hiçbir şey
Halbuki öğreneceklerim var
Bir o kadar çok şey.
Güvendeyim,
Karanlıkların içindeyim,
Rahatım,
Henüz doğmadım.

Ama az kaldı doğumuma,
Bir şey yapamıyorlar karın ağrılarıma
Basıyorum yaygarayı,
Dünyada ilk öğrendiğim şey ağlamak.
Işık var etrafta,
Her yanda bir tantana,
Henüz göremiyorum ama
Korkuyorum.
Sanırım doğdum artık
Ve, ağlayarak geldim bu dünyaya.
Halbuki sakin bir çocuğum,
Gülmek istiyorum burada...

Gül

Bembeyaz bir gül olsam
Yapraklarımla seni sarsam
Diğer renkler bizden uzak kalsa.
Örtebilsem üzerini ,
Bilindik tüm kötülüklerin.

Bilmem!
Gücüm yeter mi seni saklamaya
Hangi beyazlık örtebilmiş
Laciverti, moru, maviyi.

Son bir gayret açar yapraklarım üzerinde
Goncamın kokusu sinsin bedenine
Gözümün yaşı yıkasın diğer tüm renkleri,
Taze çiğ damlaları gibi
Hayat versin ikimize.

Sevgim beyazlık kadar masum
Açılan gül yaprakları kadar savunmasız
Ruhum o gonca gibi mahzun
Beklerim seni sessiz sessiz
Çiğ damlalarımın içinde.

Taa uzaklara, bilmem neresi ama uzaklara işte
Kokumu gönderirim esen rüzgarlarla.
Bekleyen bu gülü hisset diye,
Sen havayı kokla.
Anla beni,
Sensiz sesim hiç çıkmaz
Sessiz, mahzun beklerim burada.
Esen her rüzgarda havayı koklarım ben de,
Acep haber var mı senden diye.

Ve düşen her damlaya bakarım
Yoksa sen mi geldin diye.

Sadece An

Mümkünse dünya sussun istiyorum.
Kimse konuşmasın
Her şey sessiz kalsın.
Öylece, öylesine oturmak istiyorum.
Gözlerimi kapayıp hayal edebilmeyi,
Düşler kurabilmeyi istiyorum.
En azından bu kadarını hak ediyorum.
Biliyorum...
Mümkün olmayan şeyler diliyorum.
Dünya susamaz nasılsa
Öylece uzun uzadıya gözlerimi de kapayamam aslında.
Düşlerim bile yasaklı.
Ama hayal edebilirim;
Sessiz değil etraf şu an.
Gözlerimi kapayıp,
Kulaklarımı duymaz edebilirim meselâ.
Kim bilir şu an hayallerimde olan,
Yanımda olabilir belki bir an.

Bir an da yetebilir;
İstediğim sadece o an.
Sevgi dolu bir kucak,
Ve ben o kucakta, o anlarda,
Gözlerimi kapayıp,
Kulaklarımı duymaz yapabilirim mesela.

Deniyorum;
Mutluyum böyle de aslında...

Gizliyiz

Bir gelecek vaat etmedi,
Ne olur benimle kal demedi,
Bıraktım kendimi delice,
Hesapsızım ölesiye.

Güzel olan da bu
Hesap yok,
Plan yok,
Gelecek yok,
Vaat yok,
Anlaşmamız böyle.

Gizliyiz,
Aslında anlaşma bile yok.
Ben yokum,
O da yok...

Heyy

Heyy orada mısın?
Bütün gece beni sevip okşar mısın?
Yüzümü öpüp, boynumu koklar mısın?
Hey sen,
Yanımda mısın?
Gerçekten var mısın?

Dua

Beni ıssız bir adaya düşür Tanrım,
Yanımda sadece O olsun.

Sen, Ben bir de O,
Ve aşkımız daim olsun...

Zamanı unutalım,
Yağmurlar yıkasın bedenimi
Ve temizleneyim.

Issız adada ruhum yenilensin,
Dualarımda Sen,
Bir de O olsun yanımda…

Unutulmuş zamanların içinde,
Issız bir adada,
Mutluluk daim olsun.Beni ıssız bir adaya düşür Tanrım.

Bu Gece

Bu gece, yazmak istiyor canım,
Hepsini anlatmak,
Doya doya haykırmak.
Belki biraz da ağlamak.

Bu gece,
Geceyi yaşamak istiyor gönlüm,
Bağıra bağıra haykırmak
Bol bol içip sarhoş olmak.
Belki biraz da sevişmek.

Bu gece, düşünmek istiyor aklım,
Eskilerden, yenilerden, kişilerden.
Geçmişten, gelecekten, olaylardan.
Belki biraz da unutaraktan.

Bu gece uyumak istiyor ruhum,
Biraz bebek gibi masum,
Biraz kadın gibi dişi,
Biraz kendim gibi.

Bu gece;
Hatırlatmak istiyor kendini...

Yalnız

Ada'da tek başına
İnsanlar ve kalabalık var etrafımda,
Benimse düşünceler aklımda,
Her biri ayrı dans eder kafamda.

Düşlerim eşlik ediyor bana
Sadece hayallerim güzel aslında,
Ağlamak istiyorum ama
İnsanlar var etrafımda.
Ben Ada'da,
Uzandım bir şezlonga,
Duymamak için etrafı,
Kulağımda kulaklık,
Dinlediğimi anlayamıyorum ama,
Müzikle meşgul ediyorum aklımı.
Bakıyorum manasız gözlerle
Güneş kavuruyor sanki,
Onu da hissetmiyorum, nedeni belli,
İyi bir haber gelir belki.
Bugün,
Kendime dair ümitlerim tükendi…

Yaşamsınız

Harikasınız,
Yaşamsınız,
Yaşamımdan bir kesit,
Şu ansınız.

Siz benim canımsınız,
Öylesine seveceğim,
Ölesiye sevişeceğim,
Nefesimi kesen,
Yaşanmamış sayılansınız.

Gülen de, güldüren de sizsiniz,
Gündüzlerimdesiniz.

Yoksunuz yanımda,
Başka kollarda,
Gecelerim sizsiz,
Gecelerde ben hissiz.

Cansınız, canansınız,
Hissedebilen, sevilensiniz,
Siz benim canımsınız,
Şu ansınız.

Gelecek yok,
Sadece şimdi
Sadece siz ve ben.

Ben sizinleyim,
Siz bende,
Sadece şu an.

Harikasınız,
Yaşamsınız,
Şu ansınız,
Dahası yok...

Demeliyim

Sana her gün söylenmeliyim
Kulağına fısıl fısıl demeliyim halimi
Yanağına usul usul öpücük kondurmalı,
Anlatmalıyım kendimi.
Her gün yeniden başlamalıyım seni sevmeye,
Ve her gün yeni kararlar arifesinde,
Söylenmeliyim hallerime.
Anlatmalıyım kendimi
Senin sevincim, senin üzüntüm,
Senin aslında ben olduğunu.
Ve senin, Benim olduğunu,
Fısıldamalıyım kendime.

Kar Tanesi

Anlamak çok zor kendimi;
Hissettiklerimi anlatmak çok zor…
Bir kar tanesiyim.
Ama hava sıcak, mevsim yaz.
Ben kaybolmaya mahkûm.
Gülümsetecek belki yaşadığım bir kaç an;
Belki acı verecek sonradan.
Anlatamam ki kendimi…
Gizliyim, mutluluk çok zor,
Bir kar tanesiyim…
Kaybolmaya mahkûm

Senin adını kardelen koysam;
Karlarda açsan.
Sen kardelen çiçeği,
Ben küçücük bir kar tanesi…
Gelsem, üstüne konsam;
Bütün ömrüm orda kalsam.
Sıcağı karşılasak beraber.
Ben eriyip sana su olsam.
Kaybolurduk o vakit
Ama beraber olurduk son vakit.

Gülümsetsin yaşadığım bir kaç an;
Hüzün de, sevinç de, işte bu an.
Bu anlarda yaşadıklarım bir ömür,
Ama malûm kısa bu ömür.
Sen kardelen çiçeğim,
Ben garip bir kar tanesi.

Bir Bulutum Gökyüzünde

Sınırlı zamanlarda,
çabuk biten yasaklı saatlerde,
Ben çok mutluydum gene.
Bıraktın bedenimde dokunuşlarını
Sen gittin usulca
Ellerim sensiz,
Bende hayalin
Ben sensiz,
Sen kendinle.
Gece saat iki
Uyuyorsun muhtemel,
Sarıldın sen yanında yatana,
Sarıldım ben yastığıma.
Sen bensiz,
Ben kendimle
Sen mutlu,
Ben sevginle dolu.

Başka limandasın,
Gemin demirlemiş,
Bir gün daha güneş batmış,
Sen denizlerdeki gemisin.
Ben havadaki beyaz bulut.
Gideceksin,
Uzaklarda işin.
Gideceğim,
Sızlamasın için.
Denizler çook engin
Gökyüzü çook büyük.
Kaldır başını bak arada,
Ben gülümsüyorum sana orada.
Beyaz bir bulutum, ne de olsa...

Yağmur Yağsa

Bütün gün yağmur yağsa,
Gökyüzünden düşse damlalar.
Ben beklesem altında.
Islansa ruhum doyasıya.
O kadar çok yağsa ki
Beni yıkayıp arındırsa
Ve ağlasam,
Ve görülmese.
Dinlesem damlacıkların sesini
Ve unutsam yalnızlıklarımı.
O kadar çok ağlasam ki,
Sen beklesen altında;
Gözyaşlarım yağmur olup aksa üzerine.
O çok yağan yağmurlarla,
Yıkayabilsem ruhunu.

Sana göndersem ruhumu en temiz hali ile,
Birleşip sarılsalar.
Ve nihayet biz;
Gökyüzünden düşen damlacık olsak,
Aksak birbirimize.
Bütün gün yağmur yağsa,
Gün geceye dönünce,
Yağmur gecede de devam etse.
Ve ruhlarımız
Her daim birlikte ağlasa,
Şu kocaman yeryüzünde…

Sensizlik Üşütüyor

Günlerden bir hafta sonu günü;
Bugün,
yutkundum,
konuşamadım.
 Bugün
sesim kısık,
gönlüm yoksul,
benzim soluk.

Bugün gene ben,
Seni hayallerimde büyüttüm,
Sana sevgimi ruhumla yücelttim.

Bugün,
Gene kendimi,
Sevginle besledim.
Sen benim şiirlerimde,
Şiirlerimse hüzünler ile yüce.

Parlayan güneş var tepede,
Ben ise sıcağı hissedemediğim bir günde.

O günlerden bir gün.
Beni havanın değil,
Sensizliğin üşüttüğü gün,
Bugün...

Seni Sakladım

Keşfine açtığım bedenimde;
Ellerinin izi var.
Yüzümde;
Ruhundan kalan dokunuşların gizli.
Yaşarım hissettiklerimi sessizce,
Seni sakladım kendime.
Ben seni mutluluklarıma ortak etmek isterim
Dilim varmaz ki kederimi söyleyeyim
Bu yüzdendir ki hep susarım
Hüzünlerimde kendime kaçarım.
Ben seni saklarım
Benden bile sakınırım.

Yorgan

Ellerin gibi saramıyor bedenimi yorganım,
Yastığım, göğsün kadar sıcaklık veremiyor.
Geceler boyu ısıtmıyor bu yorgan,
Üşüyorum.
Beynim, bedenim düşüncelerle
                    yorgun uyanıyor sabahlarda,
Ve özlüyorum ellerini,
Ve kokunu.
Ben artık anlıyorum galiba seni sevdiğimi.
Geç vakitte geldi ne yazık, bu sevgi.
Hayat bu;
Akıp gidiyor, kıymeti bilinmeli.
Hiç yaşamamışım sayılacak saatler.
Ah mutluluğum,
Bu saatlerde ve düşlerimde gizli sanki.
Üşüyorum,
Ama ne çare,
Üzülüyorum çaresizliğime.

Savruldum

Her gece seni düşünerek uyudum,
Bir gün yollarımız öpüşecek elbet diye.
Her sabah yalnız uyandım puslu günlere,
Güneş olmak istedim, ısınabileyim diye.

Su damlacıkları aktı tane tane üzerimden
Yıkandım.
Ve arındım hislerimden.
Seni yağmur saydım, sakınmadım kendimden.
Üzüldüm.
Yağmur olmak istedim.

Ne gündüzlerim rahat verdi,
Ne de geceler huzur.
Aşkımın farkında ol diye
Fırtına olmak istedim.
Şaşırdım.

Gözyaşlarım doldurdu küçücük dünyamı
Üzüldüm.
Güneş ısıttı, kuruttu ağlak yaşlarımı,
Sevindim.
Fırtına savurdu aşkımı,
Dağıldım.

Sevine, üzüle, dağıla
Hayat buymuş anladım.

Erik

Saat mi?
Gecenin bir vakti,
Masada oturdum erik yiyorum,
Hiçbir şey düşünmemek için sanki.
Aklıma gelmesin hiçbir anı,
Rüyalarımda bir tek sen kal
Hayat,
Lütfen artık bana acı.
Demek ki hala düşünebiliyorum,
Ne masada boş oturmak
Ne de düşünmemeye zorlamak kendimi.
Erik bile engellemiyor

Beynimde hissetmeye seni.
Sen,
Hep sen varsın bende,
Benim tertemiz sevgimde,
Karşılık beklemeyen hislerimde,
Ruhumda ve bedenimde
Ve artık mutluluk isterim belki bende.

Bilir misin?
Yediğim eriğin tadı ekşi
Bugün şansıma çıkmadı bir tane de tatlısı
Sen yoksun ya burada,
Yoksun ya uzun zamandır yanımda
Yediğim eriğin tadı bile ekşi,
Ve ben bile bile yiyorum,
Sırf seni düşünmeyeyim diye sanki.
Kimbilir,
Belki düşünmeden erik yemek vakti,
Şimdi...

Kahve

Günün içinde
Bir nefes arasında,
Kahvenden bir yudum iç
Köpüklü olan kısmını değil ama,
İkinci ya da üçüncü yudumun benim olsun
Ilık, güzel ve enfes
İçinde olayım,
Seni yakmadan, acıtmadan
Tadımla, damağında kalayım
Sevgim de kalbinde baki kalsın.
Her gün zevk ile içip yudumladığın,
40 yıl hatırı olan kahve misali…

Resim

Bir gençlik resmi var duvarda,
Asılı herhangi bir tablonun yanında.
Gözleri ışıl ışıl
Kalbi açık tüm sevdalara.

Resim eskimiş
Sanki hafiften rengi sararmış
Başından geçenleri sorarcasına,
Duvardaki yerinden oynamış.

Resimdeki gözler umutlu.
Bilemeyiz huyunu, suyunu.
Ama gülen yüzü anlatır ruhunu.
Soramam bile kendime,
Ne oldu bana diye.

Bakınca aynada gözlerime.
Gördüğüm aynı gözler.
Resimdeki gibiler.
Hâlâ mutlu
Hâlâ umutlu…

Çok Sev Beni

Sevme beni,
Siyah gecelerimde
Beyaz bir sen kaldın

Sevme beni
Kırmızı yüzümü aydınlatan, cılız ışığım
Masumiyetim içinde
Anılarımın temizliğinde
Bir senin adın

Sevme beni,
Artık benden çok uzaksın
Kalp yaramın ilacı
Sen uzaktaki adam
Benim sırrımsın.

Ben hep sevdim seni
Bırakma ellerimi
Ağzımdaki tadım,
Hayatla kavgamsın.
Sen dilimin söyleyemediği
Ve kalbimin bağırdığı.
İsmin beynimdeki tek kelime

Gitme.
Eğer dinlemezsen,
Eğer gidersen,
Ben de giderim.
Eğer gidersem,
Sonra biterim.

Sen lütfen
Çok sev beni.

Sen Beni Anlarsın

Sen beni anlarsın,
Çekme ellerini,
Bırak ellerim avucunda kalsın,
Kurak geçen tüm gecelerin ardında
Hissettiğim sensin
Ve sadece,
Sen varsın yalnızlıklarımda.

Sen beni anlarsın,
Anlamsız tüm yaşanmışlıkların ardında,
Ruhuna gönderdiğim tılsımlar anlatsın beni sana.

Sen beni anlarsın,
Yüzümde dolanan bakışların,
Ve seni her gördüğümde
Titreyen bedenimi,
İstediklerimi,
Susup da söyleyemediklerimi,
Bir tek sen anlarsın.

Ve Ben,
Seni anlarım.
Susarak anlatmaya çalışırım kendimi sana.
Söylenebilecek çok söz yok ki aslında,
Kaparım gözlerimi,
Ve susarım.

Çünkü;
Sen beni anlarsın.

Birisi

Ve birisi ağlıyordu,
Bir adam mı
Yoksa kadın mı
Önemli değil
Birisi işte.
Kaldırımın kenarına oturmuş ağlıyor.
Akan gözyaşları var gördüğüm,
Ve haline üzüldüğüm perişanlığı.
Ve hatırlattığı bir geçmişim.

Geçmişimde kalan,
Bugün bile canlı olan
Ağlamaklı hallerim var benim...

Siyah

Gecenin rengi kapladı her yerimi,
Havada nem kokusu
Hava sıcak boğucu
Bu gece renkler hep korkutucu.
Hislerim yanıltsın istiyorum
Sevgim kanat açsın uçsun
Anlatamam, aramızdaki büyük uçurum
Sözcükler gırtlağımda boğum boğum.
Gözlerim dalar gider uzaklara,
Uzaktaki, yanar sevdalara.
Sevdalar aç, sevdam susuz
Sevdiğim benden çok uzaklarda.
Gece kapladı gündüzlerimi
Her nereye baksam siyah var şimdi
Havadaki nem kokusu,
Gözlerimdeki buğu.
Hislerim yanıltsın istiyorum,
Sevgim kanat açsın, uçsun diyorum,
Geceden korkmamak istiyorum,
Çünkü ben siyahı seviyorum.

Sis

Yutulan her damla su,
çektiğim her nefes duman,
döndürüyor başımı attığım her adım,
hislerim sisli, tıpkı bulutlu bir hava
yaşadıklarım, çırpınışlarım sanki bir şaka,
dumanda yaşanan hayatlar hep ölü,
dumanların ardından gözlerim dolu.
Yaktığım sigaranın dumanı sisli,
anladım ağlıyorum aslında,
tıpkı bulutlu bir hava...

Vazgeçtim Masallarımdan

Vazgeçtim masallarımdan,
Tozpembe hayallerimden,
Ardından ağlamaktan,
Rüyalarımda gülümsemekten,
Vazgeçtim ben,
Seni beklemekten...

Annem

Bugün annemin ölüm yıldönümü,
Hayatımda sessizlik istiyorum,
Annemi özlüyorum, çocuğu gibi,
Çocuklarımı özlüyorum anne gibi.
Hayatımda sessizlik istiyorum eskisi gibi,
Annemi istiyorum,
Küçük bir çocuk gibi...

Seni Düşündüm

Beni düşündün dün gece,
Biliyorum.
Bilmem kaç kere aklıma geldin,
Kimbilir kaç kere hayalini gördüm yanı başımda,
Gözlerini hissettim,
Masumiyetim üzerinde,
Kimbilir ne kadar süre, yüzüne dokundum.
Parmaklarım yumuşakça okşadı,
Sanki kıyamaz gibi yanaklarını.
Ben seni düşündüm dün gece.
İstedim evet,
Sen de beni düşün ve hisset,
Tam da yanı başında diye.

Sessizce bir şarkı mırıldandı dilim
Beynimin dönemeçlerinde hece hece,
Sözleri henüz icat olunmamış aşk dilinde,
Kendimden bile bile vazgeçişi söyledim usul usul.

Biliyorum,
Dün gece beni düşündün,
Dudaklarım gözyaşımın tuzuna vardı gene,
Parmaklarım hayalimde okşadı yanaklarını.
Dün gece seni düşündüm uzun uzun,
Ve şarkımı söyledim sessiz sessiz,
Ve kimsesiz.

Herkes Nerede

Pes etmedim kendim oldum,
Çünkü hayat başka biri olmak için çok kısa..
Ben kendimi bile yaşayamazken,
Bunca şaşırmışken,
Ürkekken
Ve yorgunken...
Hiç anlayamam
Nasıl yaşarlar ki bir kaç kişiyi,
Aynı anda,
Tek bedende, aynı ruhla.
Küçük bir kızdım,
Büyük bir kadın oldum,
Olgun bir dişiyim şimdi,
Canım hep gülmek ister ama,
Ağlarken de ben bendeyim...
Ağlamak da istemem
Sahte de gülemem,
Zayıf da olmak istemem
Ama o vakit ben, ben olamam,

Ben hepsiyim
Ağlayan da, gülen de ve zayıf olan da
Ben bendeyim
Bilinmeyene gidenim
Sığamıyorum kabıma
Gene çok düşündüm bu gece
Saçmalıyorum anlayamayana,
Oysa farklıyım ben
Gecelerde sendeyim
Dolaşıyorum bir bedende
Anlayana duyururum,
Anlamayana fazlayım
Ben bendeyim de,
Herkes kim ve nerede?
Pes etmedim kendim oldum,
Çünkü hayat başka biri olmak için çok kısa...

Sev Beni

Hani beş çaylarında ikram ederler ya,
Hani hem tatlı hem tuzlu olur ya,
İşte seninle geçen yıllarım var ya,
Bazen tatlı,
Çoğunlukla tuzlu
Ben seni sevdim,
Tatlının yanında,
Tuzlu kurabiye de sever gibi,
Sen de sev beni.
Beyninden çıkarıp da atamadığın
Eski bir sevgili gibi,
Sen de sev beni,
Ben ise,
Beynimden silemediğim bir çocuk gibi severim seni.
Sen de çok sev beni.
Çok sev ki rahatla,
Çok sev ki hesaplaş kendinle
Çok sev ki yüzleş geçmişimizle
Ve hatırla,
Aslında ne çok sevmiştim seni.
Ve affet kendini,
Çünkü ben affettim seni.
Sen de affet beni.

Saatler

Sohbetler boyu karşılıklı gülümsenen
Muhabbet konusu maksatlı aşılan saatler
Geç kaldım diyerek, sözde hareketlenmeler
Akrebin kısırdöngüsünde oynaşan yelkovan.
Ah bu bilindik gelen,
Dakikaları saydıran
Bitmesin diye uzatılan
Ve ruhumda güzel izler bırakan
Hep yaşanılası saatler.
Mutsuzluğumun sebebi;
Kısıtlı ve yasak olanı yaşadığım
Gizli ve mutlu
Yasak anların resimlerini çizdiğim saatler.
Kahrolası umursamazlığı ile
Arkasına bakmadan koşan,
Yanından geçerken dahi iz bırakan,
Kimi zaman hiç yaşanmamış sayılan saatler.

Fırtına

Belki bir teknede
Tekne denizde,
Sallanır bir o yana bir bu yana,
Ben misali o tekne.
Mehtap varmış görmüyor gözüm,
Işığım gözümün önünde.
İhtiyacım yok o mehtaba,
Sen varsın ya yanımda.
Ya çıkan fırtınaya ne demeli,
Esen rüzgarlar seni bana getirmeli,
Yağan yağmurlar gözyaşımı,
Akan seller kalbimi göstermeli.
Sevgilim,
Senin adın fırtına olsun,
Fırtınalı bir denizde,
Boğulabilirim seninle,
Sallanan o teknede.
Benim adım ise yağmur olsun,
Yüzünü yıkamalısın benimle,
Ateşin sönsün kendimce,
Fırtınamın içinde,
Yağmurun kaybolsun...

Su Damlası

Duru bir su damlasıyım
Hızla akan yağmurların içinde.
Toprağa düşen binlercesinden biri sadece.
Yağmurlarla beslenen narin bir filize
Hayat vermiş bedenim.
Ben mutluluk gibi sırılsıklam
Küçücük,
Duru bir su damlasıyım.

Şarap Gibi

Bir yudum aşk dilemiştim
Tanrı bana seni gönderdi
Zevki günaha,
Günahı sevaba dönüştüren şarap gibi.
Garip, değişik ve ılık
Tadına doyamadığım
Daha da ve hep içmek istediğim
Özel bir şarap gibi,
Sanki mucizemsin.

İçimdeki buruk ateş
Daima yanan,
Karışınca terinin tadı ile,
Kan kırmızısı
Sen sonsuz sevdamsın.
Tercihim değilsen bile
Yanında olmak istediğim.
Aşkımızı hep ama hep yudumlamak
Yeniden ve yeniden
Ama Seninle,
Gönlümün mahzeninde
Daima tadımlamak üzere,
Şerefine…

Şerefine

Bir girdabın içinde yuvarlanıp duruyorum.
Bir ben varım,
Bir de karışmış halkalardan dertlerim

Şarabımdan son tattığım yudumdun
Sevgilimi kaybettim.
İçimden son kere mırıldandım,
Şerefine...
Mutsuz,
sensiz ve ümitsizim.
Gözlerim kederli
Ruhumda hüzün esintileri,
Yoksun yanımda,
Renklerim soldu.
Sevgilimi kaybettim.

Yarın

Yarınlar olmalı
Umutlarımı sakladım yarına,
Gün koşturmacalarının ardında
Umutlarımla beslendim yarınlarda.

Yarınlar olmalı,
Sesimi duymalısın yanında.
Yan yana oturalım,
Ve elimi tut sadece yarınlarda.
Saçımı okşa mesela,
Sevgi ile sarf edilmiş bir söz hafızalarımızda,
Ve hiç yaşayamayacaklarımızın
                              tadı kalsın hayallerimizde.
Ben umutlarımı sakladım yarınlarımıza.
Ne olur, yarın yok deme bana.

Şekerden Ev

Küçük, pembe şekerden bir ev inşa ettim,
Sunulan kır papatyalarında,
Hayallerimi hapsedip
Şeker pembesi evimin içinde sevgimi yücelttim.

Camlarımda parmaklık yok,
İçerisi bol ışıklı.
Bahçesinde; ellerimle ektiğim,
Mutluluk sebebim; taze açmış beyaz filizli bahar ağacım
var.
Ve bir de, mahzun duran papatyalarım tabii.
Evim şekerden ama,
Ne yağan yağmurlarla eridi
Ne rüzgarlara kapılıp, papatyalarım savruldu
Bu camdan duvarları,
Sevgim ile korudum.

Küçücük, pembe şekerden bir ev inşa ettim,
Hayallerimde,
Seninle...

Arkadaşım Yalnızlık

Bugün tek başıma olmak gibi bir lüksüm var
Özlem gideriyorum yalnızlığımla
Dertleşiyoruz, arayı kapamak ister gibi
Kendimi sever, sakin sevişir gibi.

Düşünüyorum
Aşklarımı, aşıklarımı
Sanki hiç olmamışlar gibi hissediyorum
Sessiz dertleşiyorum yalnızlığımla.

Engel olmuyorum gözyaşlarıma,
Utanmıyorum da,
Ne de olsa yabancı yok aramızda
Kararlıyım bugün dökeceğim tüm içimdekileri
İçime sıkışıp da beni üzenleri

Kadehimiz boşalmış diyorum
Kırmızı şarabın dibi gözüktü
Şişe bomboş kalmış
İçkimi bitirmiş yalnızlığım

Ben bitirmedim diye fısıldıyorum
Duydu mu beni acaba bilmiyorum
Ama kararlıyım,

Bugün dertleşiyoruz yalnızlığımla.

Birden gülüyorum ona
Ağlama, gül diyor bana
Bakıyorum da,
O mutlu bu halinden.
Günün sonunda hissettiğim
Biraz hoşnutluk,
Ve, çokça güven duygusu kendimden.

Sarmaşık

Sarmaşıklar olur ya hani,
Sararlar birbirlerini
Kocaman bir duvarı sardım,
Kırılgan bir sarmaşık misali…

İncecik bir dal var aramızda,
O kocaman duvarla.
Sarılmışız, sarmışız birbirimizi,
Büyülü, kırılgan bir sarmaşık dalıyla.

Oğlumdur Benimdir

Bırakın ağlasın oğlum ardımdan,
Gözyaşlarıdır onu ferahlatan
Yahut ağlamasın, gülsün
Demek değil ki düşünmüyor beni,
Üzülmüyor.
Duygusallığıdır onu benim yapan,
O istediği gibi yaşasın aman.
Belki; bir gülsün, bir ağlasın,
Bırakın ne isterse onu yapsın.
Kalbi benimledir,
Bilirim değişiktir,
Oğlumdur benimdir.
Onun adı benim sevgimdir.

Dergah

Hoş geldiniz hepiniz;
Dergahımız Hak kapısı,
Kısa boylusu, kısa saçlısı, yaşlısı da var burada.
Genci de ve çocuğu da
Yakışıklısı da, sırma saçlısı da,
Güzelleri de var.
Bir tek çirkin yok aramızda,
Burada
Ve benim anlamadıklarım da.
Uzaktan bakılınca;
Deli gibi gözükenler çoğunlukta,
Ama mutlak akıllısı da var,
Burada

Hepsi birden hareket edenleri var,
İç seslerini dinler gibi,
İçlerinden geldiği gibi,
Hareketsiz, sessiz kalanları da.
Ama herkesin Allaha yaklaşma gayreti var,
Sanki duymak ister gibi,
Burada

Kollarımı açtım sevgin ile,
Hu Allah!!!
Çapraz yapıp kapadım kalbim üstüne,
La ilahe illallah!!!
Ağzım söyler,
Hu Allah!!!
Gözüm değil, Ruhum görsün seni,
Allah!!! Allah!!!

Dönerim durmaksızın
Bitmeyen sevgimdir,
Nihayetsizdir tırmanışım.
Yolumun sonu,
Sana varıştır
Hu Allah!!!

Senden olan Ben
Şah damarımda atan Sen
Zikirlerimdedir adın.
Sanadır tüm dualarım.

Bana benden yakın
Hu Allah!!!
La ilahe illallah!!!
Allah Allah!!!

Hayat Bir Masal

İnsanların hayatında kaç masal var?
Olur mu demeyin,
Oluyor işte,
Bir hayat,
Üstlenilen kaç rol.
Bu rollerin bir kaçında
Bazen aynı zaman diliminde,
Ve beraber,
Bir kaçında ayrı zaman dilimlerinde
Belki de yalnızız...
Rol bu, oynamak lazım,
Ama severek, ama sevmeden,
Ben hep sevdiğim rolleri oynamak istedim,
İstedim ki doya doya hakkını vereyim rollerimin.

Kimi zaman anne oldum,
Kimi zaman evlat.
Bazen öğretmen,
Bir dönem öğrenci.

İşveren oldum,
Çalışan da oldum.
Yöneten de, yönetilen de.
Eş oldum,
Sevgili oldum,
Aldatılan da oldum,
Hatta aldatan da.
Çoğu zaman mahzun oldum...
Hüzünlü durdum ama,
Küsmedim,
Yalan olmayıp,
Yorulmadım.
Oynamaya çalıştım rollerimi.
Hakkını vere vere.
Bir hayat,
Kaç masal!
Masallarda yüklenilen bir kaç rol..
Hepsi bu,
Herkes gibi,
Hayat gibi,
Kendim kadar...

Yaşlılık Düşlerim

Hayal ediyorum kendimi,
Saçlarımın ak düşmüş şeklini
Yüzümdeki huzurlu gülümsemeyi
Tebessümdeki hüznümü.
Saçlarım mı?
Hala uzunlar,
Artık boyamıyorum onları
Kafamdalar ve fazlacalar
Renkleri olmuş alaca.
Gözlerimi eskisi gibi siyaha boyamıyorum
Sadece bir kalem çekiveriyorum
Dudaklarımda kırmızıya çalan pembe renkli rujum var,
Ve aynaya baktığımda
Memnunum kendimden hala.

Ve hala hafif kiloluyum,
Boş veer, diyorum kendime
Sağlığım yerinde ya
Muhtaç da değilim, şükür diyorum.
Hiç üzülmüyorum yaşlandığıma.
Güzel görüyorum kendimi
Rahatlamış, sakin bir ifadem var şimdi

Acabalarımdan kurtulmuşum
Kararsızlıklarım da kalmamış,
Yaşım icabı sanki.
Hoşnudum halimden kısacası,
Yalnız yaşıyorum bir sahil kasabasında
Küçük, iki odalı bir evim var
İçinde de can dostlarım
Ve şiirler yazıyorum hayata dair.
Hiç agresif bir halim yok
Her sabah kumsalda yalınayak,
Köpeklerimle yaptığım yürüyüşler olsa gerek, sebebim.
Annemi duyar gibi oluyorum,
Ela gözleri sık sık gözümün önüne geliyor,
Ben onu görebiliyorsam eğer
O da beni görüyordur diye düşünüp gülümsüyorum.
Hatta arada el sallıyorum bulutlara
Kimselere çaktırmadan,
İçimden avaz avaza,
Seni seviyorum anne diye bağırıyorum.

Tanrıyı düşünüyorum
Hayatla inatlaşmadığım için,
Yaşama gayretim için,
Bana sunulan her bir nimet için,
Hayatımı farkında olarak sürdürüp,
Şükredebildiğim için
Mutluyum.
Bu dünyadan göçüp gitmek fikri de üzemiyor beni,
Annemin dediği gibi,
İlk kapıdan içeri gireli çok zaman oldu aslında,
Son defa kapıyı çekme vakti geldiğinde,
Ve zamanı da, ne iyi kullandım diye,
Başka birine yer açabilmemin,
Keyfindeyim kendimce.

Bir Tören

Karşımda bir hayat duruyor
Taptaze bir beyin,
Genç bir beden,
Güzel mi güzel bir kadın.
Gözlerimin önünden geçen
Bir sinema filmi sanki
Gözlerim kapalı
Film akıp gidiyor.
Açmak istiyorum gözlerimi.
Genç halimde kalmak istiyorum
Beynim, bedenim genç kalsın.
Deniyorum, tüm gayretimle
Bir kez daha, gözlerimi açmayı.
Ama film akıp gidiyor hala.
Şimdi orta yaşlardayım,
Yüzümdeki kırışıklıklar canımı sıkıyor biraz.
Sanki daha bir olgun, daha bir akıllıyım
Kırışıklıklara inat, farklı bir güzelliğim var gibi.
Tekrar deniyorum ama, aralanmıyor kirpiklerim
Açamıyorum gözlerimi.
Ama, görmek istiyorum kendimi.

Şimdi; Aynada gördüğüm bu yüzde derin izler var
Gözlerim sanki ışığını hafif kaybetmiş.
Yaşlanmışım.
Allahım,
Bu ben miyim?
Bu yaşlı kadın,
Hafif kamburlaşmış
Boynu, elleri kırışmış
Tırnakları bile yaşlanmış.
Yaşlanmışım ama, halimden pek memnunum.
Mutlu bir yüzüm var,
Aynaya tekrar bakıyorum
İşte o an anlıyorum,
Bu yüzdeki her bir kırışıklığı çok seviyorum,
Onlarla mutluyum.
Her bir çizgi,
Bana geçmişimden bir izi hatırlatıyor.
Bakıyorum, yanağımdan süzülen yaşa,
Yaş değil, mutluluk akıyor sanki yüzümden,
Akıp bulaşıyor insanlara bu gözyaşı,
Ama anlayamıyorum onları;
Neden mutsuzlar ve ağlıyorlar
Artık gözlerimi açmak istemiyorum.

Hissediyorum
Görmüşüm bu dünyada göreceklerimin tamamını
Yaşamışım elimden geldiğince hayatımı.
Bağırmak istiyorum onlara,
Şöyle sarılıp silkelemek,
Ağlamayın bana demek istiyorum
Ama biliyorum
Artık bir şey yapamam onlara.
Uçuyorum havada,
Ağlamayın artık ne olur diyorum içimden
Özellikle çocuklarım.
Bir tek onlar farkındalar
Mutlu olduğumun.
Sevgimin beni mutlu kıldığını
Tüm hayatımı sevebilmeye adadığımı
Ve böylece mutlu kaldığımı
Bir tek onlar biliyorlar.
Ve artık;
Her yer karanlık benim için.
Eskiden, korkardım karanlıktan
Anlıyorum ki bazen, aydınlıklar gizli burada.
Ve ben de ışık oldum,
Korkmuyorum artık karanlıktan.